TSAI CHIH CHUNG

Confucius

Le Message du Bienveillant

Traduit par
Sylvie Grand-Clément
et
Claude Maréchal

CARTHAME éditions
Les Tattes
74250 Fillinges

Déjà paru du même auteur :

- **Lao Tseu** - *Le Silence du Sage*
- **Zen, le livre** - *Liberté de l'Esprit*
- **Sun Tsu** - *L'Art de la Guerre*
- **Tchouang Tseu** - *Le Chant de l'Univers*

de **Marc et Michel Bounias :**

- **Le Tox 50** ou le Palmarès de la Publicité pour les Toxiques

A paraître :

de **Tsai Chih Chung :**

- **Les Origines du Zen**

de **Michel Bounias :**

- **Sous le Soleil des Toxiques**

de **Gabrielle Roth :**

- **Les Voies de l'Extase**

de **Dominique Loup :**

- **Philosophie alimentaire**

ISBN 2-909830-05-5
ISSN 1242-630 X
Titre anglais : *The Sayings of Confucius*

Couverture : Claire Frontard

Photocomposition : a.s.Composition

Note de l'éditeur

Quand on pense à la Chine, on pense à Confucius. Quand on pense à Confucius, on se retrouve face à une ignorance que l'on cherche à combler par de vagues images de "sagesse profonde", de philosophie certes riche, mais impénétrable.

Encore une fois, Tsai Chih Chung et les éditions Carthame viennent combler ce grand vide en ayant recours à la bande dessinée comme vecteur pédagogique privilégié.

Confucius, le Message du Bienveillant commence par la vie de Confucius, qui fut particulièrement agitée dans une période troublée de conflits sanglants. Viennent ensuite les extraits des fameux "entretiens" qui exposent l'essence de la doctrine de Confucius. L'ouvrage se termine par les messages des ses principaux disciples.

Ce livre, dévoilant la personnalité et le message d'un des plus grands philosophes que le monde ait connu, deviendra vite un compagnon inséparable de celles et de ceux qui désirent évoluer vers une vie plus riche et plus juste.

Bonne lecture!

La Vie de Confucius

Kong Kiu, ou Kong Zhongni,
est né en 551 avant Jésus-Christ. Il est plus connu
sous le nom de Confucius.

La Vie de Confucius

A l'âge de 15 ans, Confucius se passionna pour l'étude.
7
A 19 ans, il se maria avec Yuan Guan de l'Etat de Song.
8
L'année suivante, ils eurent un fils qu'ils nommèrent Kong Li, ce qui signifie "carpe".
9
10
A 20 ans, Confucius travaillait comme employé aux grains.
11
Là il fut remarqué pour son exactitude et sa précision dans la tenue des comptes.
Plus tard, il eut la responsabilité du bétail et des pâturages. Le bétail, très bien soigné, prospéra.
12
Puis il devint contremaître sur les chantiers de construction.
13

En l'an 20 du règne du duc Zhao de Lu,
Nan Gong Jing Shu recommanda Confucius pour qu'il aille étudier les rites de l'Etat de Zhou.
C'est ainsi qu'il rendit visite à Lao Tseu pour lui poser quelques questions à ce propos.
A la fin de l'entretien, Lao Tseu lui dit :
Le riche offre des présents en cadeau d'adieu, l'homme bienveillant offre des mots. Comme je ne suis pas riche, je vous donne ces quelques phrases :
Discourir sur les autres est toujours source de problèmes pour l'homme intelligent; révéler les fautes d'autrui met souvent en péril l'homme érudit. Loin de ne s'occuper que d'eux-mêmes, les enfants ont le devoir de veiller sur leurs parents et les sujets celui d'aimer leur roi.

19
Quand Confucius revint à Lu, le nombre de ses disciples s'était accru.
20
Un jour, le duc Jing de Qi invita Yan Ying à Lu.
Confucius, j'ai une question à vous poser.
21
Dans le passé, Qin n'était qu'un Etat reculé. Comment le duc Mu a-t-il réussi à devenir le maître des autres seigneurs?
22
Quin était sans doute petit, mais son chef avait de l'ambition. Il était peut-être reculé, mais sa politique était prospère. Le duc Mu a choisi pour l'assister un homme brillant nommé Bai Li Xi. Il s'est attaché ses services pour le prix de cinq peaux de mouton et lui a confié la direction de l'Etat.
23
Considérant cela, il aurait bien pu parvenir à régner sur le monde entier.
24
Mais dominer les autres seigneurs n'est qu'une bien mince réalisation.
Belle analyse!

L'année de ses 35 ans, trois conseillers de l'Etat de Lu s'unirent pour attaquer le duc Zhao qui, défait, dut s'enfuir à Qi.
25
Peu après, des révoltes éclatèrent à nouveau à Lu et Confucius dut partir à son tour à Qi.
26
Grâce à l'appui de Gao Zhao Zi, un haut fonctionnaire de Qi, Confucius se fit nommer intendant de la famille Zhao Zi pour parvenir jusqu'au duc Jing.
27
28
Il étudia pendant trois mois la musique Shao avec une telle passion qu'il en perdit le goût.
29
La musique peut nous emporter en des lieux merveilleux.

30
Pendant la période des Printemps et des Automnes régnait le chaos le plus total. Ni les chefs ni les sujets ne se comportaient plus comme tels.
Le duc Zhao fut finalement vaincu et envoyé en exil par Ji Sun.
31
Et le duc Jing de Qi dut se soumettre à Chen Heng, qui était si puissant qu'il aurait pu à tout moment usurper le trône du duc Jing.
32
Aussi, quand le duc Jing demanda à Confucius une recette pour bien gouverner, celui-ci lui répondit :
Que le chef soit un chef et le sujet un sujet, le père un père et le fils un fils.
33
Je comprends. Chacun doit tenir son rôle, sinon, même s'il y a abondance, nous ne pourrons manger en paix.
Quel est donc le principe essentiel à appliquer pour gouverner ?
Le plus important pour gouverner est d'utiliser sagement toutes ses ressources et de refréner ses excès.
34
35
Je vais donner ma terre de Ni Xi à Confucius.

36
Ces érudits sont de beaux parleurs, mais ils sont hautains et difficiles à contrôler. Ils sont improductifs et ne font que convaincre les princes de leur donner des postes officiels.
37
On ne peut confier les affaires de l'Etat à quelqu'un comme lui.
Alors je ne le prendrai pas à mon service.
38
A cette époque, un conseiller de Qi fomentait un complot contre Confucius.
39
Maître, j'ai entendu dire qu'un complot se tramait contre vous.
Oh ! Vraiment ?
40
Je suis vieux à présent et je n'ai plus besoin de vos services.
Le duc Jing dit à Confucius :
Vraiment ?
41
Confucius quitta Qi pour retourner à Lu.

Le duc Zhao fut envoyé en exil et il erra durant sept ans. Il mourut hors de son pays et le duc Ding lui succéda sur le trône.
42
43
Mais le duc Ding était faible et l'Etat tomba entre les mains des trois familles Ji, Shu et Meng.
Ji Sun, qui dirigeait Lu, dut à son tour se soumettre à Yang Huo, l'intendant de sa maison.
44
45
En l'an 5 du règne du duc Ding, Yang Huo organisa une révolte et prit le pouvoir à Ji Sun.
46
Il força le duc Ding à se soumettre, envoya ses ennemis en exil et régna en dictateur à Lu.
47
Comme il n'avait pas l'intention de servir un gouvernement qui n'observait pas les rites, Confucius se retira pour se consacrer à l'étude de *Shu* (l'Histoire), *Shi* (les Odes), *Li* (les Rites) et *Yue* (la Musique).

48
Yang Huo, habile à déceler les talents, désirait faire entrer Confucius dans son gouvernement, mais Confucius refusait de le rencontrer.
49
Yang Huo a fait apporter en votre absence ce succulent cochon rôti.
Je vais devoir lui retourner son cadeau.
Confucius voulut saisir l'opportunité d'aller remercier Yang Huo alors qu'il était absent, mais malheureusement, ils se croisèrent sur le chemin.
Venez, je désire vous parler.
50
51
Est-ce qu'un homme qui garde pour lui son savoir, au lieu de l'utiliser pour le bien de l'Etat, est un homme bienveillant?
Non.
52
Est-ce qu'un homme qui souhaite servir son pays sans jamais en saisir l'occasion est un sage?
Non.
53
Le temps s'enfuit et les années ne nous attendront pas.
Oui, je désire servir le gouvernement.
Confucius acquiesça en paroles, mais refusait toujours de servir Yang Huo.
54

En l'an 8 du règne du duc Jing, Yang Huo décida de retirer le pouvoir aux trois familles.
Détruisez les trois familles ! Je les remplacerai.
55
Oui, votre Altesse.
56
Les trois familles luttèrent avec acharnement pour conserver leur pouvoir.
57
Yang Huo fut vaincu et dut s'enfuir à Qi.
L'échec de Yan Huo permit à Confucius de prendre part aux affaires de l'Etat.
58
Ji Sun avait une grande admiration pour Confucius pour avoir tenu tête à Yan Huo. Il le recommanda auprès du duc Ding de Lu.
59
60
Le duc Ding nomma Confucius gouverneur du district de Lu.

61
Confucius se montra si efficace pendant l'année où il fut en fonction que tous les gouverneurs des Etats voisins prirent modèle sur sa politique.
62
Il fut ensuite promu au rang de ministre des travaux publics, puis à celui de chef de la police chargé de faire régner la loi et la paix.
63
Durant cette période, les criminels et les trafiquants durent soit se recycler, soit quitter la région.
64
En sensibilisant le peuple à la vertu et en lui apprenant à observer les rites. Confucius avait rétabli le respect des aînés.
65
Hommes et femmes de Lu respectaient leurs distances. On pouvait oublier ses affaires sans crainte qu'elles ne disparaissent et personne ne fermait plus sa porte à clef par peur des voleurs.

En l'an 10 de son règne, le duc Ding demanda à s'entretenir avec le duc de Qi, mais Li Chu, le conseiller de Qi, l'avertit en ces termes :
Confucius sait très bien gouverner maintenant. Si Lu devient puissant, ce sera aux dépens de Qi.
66
Confucius connaît les rites, mais ignore la brutalité. Nous allons faire enlever le duc Ding par des barbares au cours de notre rencontre.
67
68
C'est décidé. Envoie un messager pour convier le duc Ding à une réunion amicale.
Bien, votre Majesté.
69
使
Le duc Jing nous convie à une rencontre amicale à Jia Gu.
Parfait. Prépare les chevaux, nous y allons.
70
Un instant !
71

72
Je croyais que les affaires civiles étaient sous la protection de l'armée et que les affaires militaires étaient gardées par des rites civils.
73
Autrefois, quand un seigneur dépassait ses frontières, il emmenait sa suite avec lui. Je vous conseille de vous faire accompagner par votre garde personnelle.
D'accord.
74
Le duc Ding se rendit à Jia Gu pour la réunion, escorté par Confucius et sa garde.
75
Les deux princes se rencontrèrent à Jia Gu et échangèrent des politesses.

Puis ils se mirent à l'œuvre pour rédiger un traité de paix.
Qi ajouta une ligne au pacte.
Quand les soldats de Qi se battront à l'extérieur de leurs frontières, Lu devra les soutenir en envoyant 300 chars de guerre.
齊魯盟約
Pour ne pas être en reste, Confucius ajouta à son tour la ligne suivante au pacte :
Qi devra rendre à Lu le territoire occupé au nord de la rivière Wen.
齊魯盟約
Quelle injure !
Calmez-vous, votre Majesté !
D'ac-cord.
Faites sonner la musique officielle.
Whao !
Whao !
!

83
Whao! Whao! Whao!
Mon Dieu!
84
85
Arrêtez!
Nos deux princes tiennent ici une réunion amicale. Que font ici ces barbares bruyants? Je vous demande de les renvoyer.
86
87
Partez!

88
Bien, votre Majesté.
89
A présent qu'on joue la musique de cour.
90
A cet ordre, une compagnie de jongleurs et de nains monta sur la scène en chantant et en dansant gaiement.
Ceci est une réunion importante entre nos deux Etats ; d'où sort cette mascarade ?
91
92
C'est un crime passible de mort que de déranger des princes durant leurs entretiens. Donnez l'ordre de les exécuter.

Qu'on les tue !
93
94
Le duc Jing fut impressionné par la sévérité de Confucius.
95
De retour à Qi, il exprima son mécontentement.
Le prince de Lu est protégé par les rites de cet honnête homme tandis que vous ne savez vous comporter avec moi que comme des barbares. Que puis-je faire à présent ?
96
Un honnête homme qui a commis une erreur se repent de son acte. Un homme de peu s'excuse avec des mots. Peut-être que si votre Majesté respectait le pacte, elle se sentirait plus à l'aise.
97
D'accord, à titre d'excuse, je vais rendre à Lu ses territoires occupés.
Oui, votre Majesté.

98
L'été de l'an 12 du règne du duc Ding...
Je souhaite que le pouvoir militaire retourne à l'Etat. Je pense que nous devons détruire les remparts des cités fortifiées des trois familles.
99
J'ai l'intention de détruire les remparts des villes des trois domaines pour éviter une autre affaire Yang Huo.
100
Si nous ne détruisons pas leurs fortifications, les vassaux prépareront une révolte armée.
101
Shu Sun partit en éclaireur pour détruire les remparts de la famille Hou.
102
Je vous ordonne de retirer vos troupes de Fei car je suis venu détruire les remparts de la ville.
!
103
C'est affreux ! Ji Sun veut détruire nos bases.
C'est terrible ! Il a peur de notre puissance.

104
Nous allons nous battre comme des lions!
105
Mauvaise nouvelle! Gong Shan Bu Niu mène la révolte contre nous à la tête des troupes de Fei.
Le duc Ding et les trois seigneurs durent prendre la fuite pour trouver refuge dans la forteresse de Ji Sun.
106
107
Shen Ju Xiu et Yue Qi! Divisez vos troupes afin de les encercler.
Les soldats de Fei, contraints de battre en retraite, furent totalement décimés à Gu Mie. Gong Shan Bu Niu et les siens s'enfuirent à Qi.
108

109
Les remparts de Fei furent alors détruits.
110
A présent nous allons détruire les remparts de la ville de Cheng!
Bien, votre Majesté.
111
Mais le seigneur Lian Chu, de Cheng, dit à Meng Sun :
Si Cheng est détruite, les soldats de Qi vont nous envahir par le nord.
112
N'oubliez pas que la ville fortifiée de Cheng appartient à la famille Meng. Sans Cheng, il n'y a plus de famille Meng. Je suis prêt à résister à votre offensive.
113
Le 12e mois, le duc Ding assiégea la ville de Cheng sans parvenir à la conquérir.

114
En l'an 13 du règne du duc Ding, Confucius fut nommé ministre de la justice. On pouvait lire le bonheur sur son visage.
115
Je croyais qu'un honnête homme ne devait ni manifester sa crainte dans les difficultés ni exprimer sa joie dans la victoire
116
Oui, c'est ce qu'on dit. Mais il n'y a pas de mal à ce qu'un honnête homme se réjouisse avec ses amis.
117
Et il fit exécuter Shao Zheng Mao, le conseiller responsable des troubles politiques à Lu.
118
Confucius n'était au gouvernement que depuis trois mois que déjà les marchands de porc et d'agneau ne falsifiaient plus leurs prix.
Prix imposé
Les gens de l'ouest étaient chaleureusement reçus et n'avaient besoin d'aucun visa d'entrée.
ETAT DE LU
Les visiteurs n'ont pas besoin de visa.
119

120
Le duc Jing, de Qi, devint inquiet en apprenant que tout allait si bien à Lu.
Si Confucius reste au gouvernement, Lu va devenir l'Etat le plus puissant. Comme nous sommes leurs plus proches voisins, nous serons certainement les premiers annexés.
Essayons de saboter leurs réformes et d'abord, trouvons quelques jolies femmes pour le prince de Lu!
121
Oui, c'est une bonne idée!
122
123
C'est ainsi que Qi offrit 80 jeunes filles et 120 chevaux au prince de Lu.
124
Le duc Jing nous a envoyé des jeunes filles et des chevaux. Ils attendent à la Haute Porte du Sud.
125
Allons les voir.

Pendant trois jours, le duc Ding et Ji Sun ne firent que s'adonner au plaisir et négligèrent ainsi leurs devoirs d'Etat.
126
Ils oublièrent même de donner les plats rituels à leur conseiller lors d'une fête sacrificielle.
127
Quittons cet endroit.
Oui, partons.
128
129
Les partisans de Yang Huo ont tous été supprimés et Ji Sun a affermi sa position. Je ne sers plus à rien ici. En plus, le prince n'a aucun pouvoir réel. Partons!
130
Confucius présenta sa démission et quitta Lu pour Wei.

131
Quand Confucius arriva à Wei, il fut impressionné par sa population florissante.
132
Quelle prospérité !
133
Que doit-on faire après avoir développé la population ?
L'enrichir.
134
Que doit-on faire après l'avoir enrichie ?
L'éduquer.
135
Confucius contacta Yan Zhuo Zou, le beau-frère de Zi Lu.

136
Le duc Ling, de Wei, le fit appeler :
Quel était votre salaire à Lu?
J'étais payé 60.000 boisseaux de grains.
137
Je vous donne la même chose.
138
Merci.
Peu après, quelqu'un vint calomnier Confucius auprès du duc Ling.
139
Le duc Ling donna l'ordre à Gong Sun Yi Jia de placer des hommes armés à la porte des appartements de Confucius.
140
Craignant les ennuis, Confucius partit à Chen dix mois plus tard.
141

142
Yan Ke conduisait l'attelage de Confucius quand ils traversèrent la ville de Kuang.
Nous sommes entrés de force dans la ville par cette brèche lorsque je servais Yang Huo.
143
Au-secours! Au-secours! Yang Huo, le scélérat, est de retour!
144
Les habitants de Kuang, qui avaient beaucoup souffert de Yang Huo, encerclèrent Confucius, qui lui ressemblait.
145
Depuis la mort du roi Wen, je suis le garant de notre civilisation ancestrale. Si le ciel avait décidé de la détruire, il ne m'aurait pas donné à moi, son descendant, le privilège de la comprendre.
146
Si le ciel ne l'a pas fait, que peuvent ces gens contre moi?

147
Yan Hui, qui s'était perdu dans la mêlée, retrouva Confucius peu après.
Maître !
148
Je pensais que tu avais été tué dans la cohue.
149
Comment oserais-je mourir alors que le maître est toujours vivant ?
150
Après avoir encerclé Confucius pendant cinq jours, la population de Kuang se retira.
Excusez-nous, nous vous avions pris pour Yang Huo.
151
Confucius quitta Kuang pour aller à Pu, puis retourna à Wei le mois suivant.
152
Il y séjourna chez Qu Bo Yu.

153
Tous les princes amis de notre prince doivent rencontrer dame Nan Zi qui, elle-même, souhaite vous rencontrer.
Bien.
Qu'y a-t-il de si excitant à rencontrer ce genre de femme?
154
155
Une fois passé le seuil de la porte, Confucius s'inclina poliment vers le nord tandis que dame Nan Zi s'inclinait à son tour derrière un rideau. Zi Lu était terriblement gêné.
156
Je n'avais pas l'intention de la rencontrer, mais puisque j'y ai été poussé par les circonstances, je devais lui rendre sa politesse.
Hum...
157
Si j'ai mal agi d'une façon ou d'une autre, que le ciel me punisse! Que le ciel me punisse!
!

158
Environ un mois plus tard, le duc Ling et dame Nan Zi se promenèrent en ville, suivis de Confucius assis dans un second char.
159
Comme elle est jolie !
Comme elle est belle !
Quelle beauté !
160
J'aimerais bien rencontrer un seul homme qui aime la vertu autant que la beauté.
161
Il était si déçu qu'il quitta finalement Wei pour aller à Cao.
162
Cette année-là, le duc Ding mourut.

163
Confucius quitta à nouveau Cao pour aller à Song où un dénommé Sima Heng avait l'intention de le tuer.
164
Va-t-'en, Qiu !
Si vous restez là, vous finirez comme cet arbre.
165
166
Dépêchons-nous, maître !
167
Le ciel m'a confié une mission morale. Que peut Heng Tui contre moi ?

168
Confucius réussit à atteindre Zheng, mais séparé de ses disciples.
Un homme se tient à la Porte de l'Est. Il a les traits d'un héros mais sa physionomie est celle d'un nain.
169
Il a l'air fatigué comme un chien qui a perdu son maître.
170
171
Maître!
172
Je ne mérite sûrement pas les compliments concernant mes traits de héros.
Mais je ressemble certainement à un chien qui a perdu son maître. La description était juste!
173

174
Confucius alla à Chen.
175
Il demeura chez Si Cheng Zhen Zi pendant trois ans.
176
C'est justement à cette époque que les Etats de Jin et Chu, rivalisant pour assurer leur domination, attaquèrent Chen à plusieurs reprises.
177
Même l'Etat de Wu attaqua le territoire de Chen.
178
Rentre chez toi! Rentre chez toi! Ceux qui restent chez eux sont brillants, quoi qu'ils manquent de prudence. Toutefois ce sont des ambitieux qui n'oublient jamais leurs racines.
Sur ces mots, Confucius quitta Chen.

179
Ils arrivèrent à Pu, juste au moment où Gong Shu Shi, trahissant Wei, prenait cette ville par la force. Confucius fut arrêté.
180
Maître, nous avons connu ensemble le danger à Kuang et cela recommence maintenant. Ce doit être le destin !
181
C'est la deuxième fois que je suis en danger avec mon maître. Je me battrai jusqu'à la mort.
182
J'épargnerai vos vies si vous n'allez pas à Wei.
183
C'est entendu.
184
Laissez-les passer.

185
Oublie ma promesse et filons droit sur Wei.
186
Maître, a-t-on le droit de revenir sur ses promesses ?
187
Un engagement opéré sous la menace n'est pas reconnu par le ciel.
188
Le duc Ling fut heureux d'apprendre l'arrivée de Confucius et vint en personne l'accueillir à la porte de la ville.
189
Quel dommage ! Je suis vieux et je n'ai aucun poste à vous offrir !
190
Hum !
191
Si seulement on pouvait me confier le gouvernement. En un an, je ferais mes preuves et j'obtiendrais des résultats tangibles sous trois ans.

192
Un jour, le duc Ling interrogea Confucius sur la stratégie militaire.
193
Je connais les rites, mais j'ignore tout des affaires militaires.
194
Le jour suivant, lors d'un entretien avec le duc Ling, un vol d'oies sauvages passa, attirant le regard du duc qui ne porta plus aucune attention aux paroles de Confucius.
195
Le maître décida alors de quitter Wei pour Chen.
196
L'année suivante, il alla à Cai.

197
Une année plus tard, Confucius se rendit à Ye, dont il rencontra le duc.
Comment gouverner ?
198
Pour gouverner, il faut savoir soumettre ceux qui vivent loin et gagner à sa cause ceux qui sont près.
199
Zi Lu, quel genre d'homme est votre maître ?
Je suis incapable de le décrire.
200
Le duc de Ye m'a démandé quel personnage vous étiez et je n'ai pas su lui répondre.
201
Zhong You, tu aurais dû lui dire que je suis un homme qui ne se lasse jamais d'apprendre la Voie ni de l'enseigner aux autres.
202
Et quand je travaille, je peux oublier de manger. Quand je suis heureux, j'oublie tous mes soucis.
203
Je peux même oublier l'empreinte de mon grand âge.

Quand Confucius quitta Ye pour retourner à Cai, Wu attaquait Chen et Chu avait envoyé des troupes pour soutenir Chen.
Confucius fut immobilisé au milieu du chaos guerrier entre Chen et Cai. Ses provisions étaient presque épuisées.
204
205
Ses disciples étaient malades de privations, mais il continuait à enseigner, à jouer de la musique et à chanter.
206
Est-il possible que des honnêtes gens se retrouvent dans une situation aussi tragique ?
207
Bien sûr ! Mais dans la pauvreté, un honnête homme suit sa voie de vertu tandis qu'un homme de peu oublie toute loi.

208
Confucius eut 68 ans en l'an 11 du règne du duc Ai et Ji Kang Zi vint l'accueillir en grandes pompes à son retour à Lu.
209
Depuis son départ de Lu, Confucius avait, en 14 ans, traversé de nombreuses contrées.
210
Bien que les ducs Ai et Ji Kang Shi demandaient conseil à Confucius sur la façon de gouverner, ils ne mettaient jamais ses idées en pratique.
211
Ayant perdu tout espoir d'obtenir un poste officiel, Confucius resta chez lui ; il écrivit les Odes *(Shi Jing)*, compila la musique et les rites anciens, observa le *I Ching* et redigea les *Annales des Printemps et Automnes*.
周易
春秋
礼乐
诗书

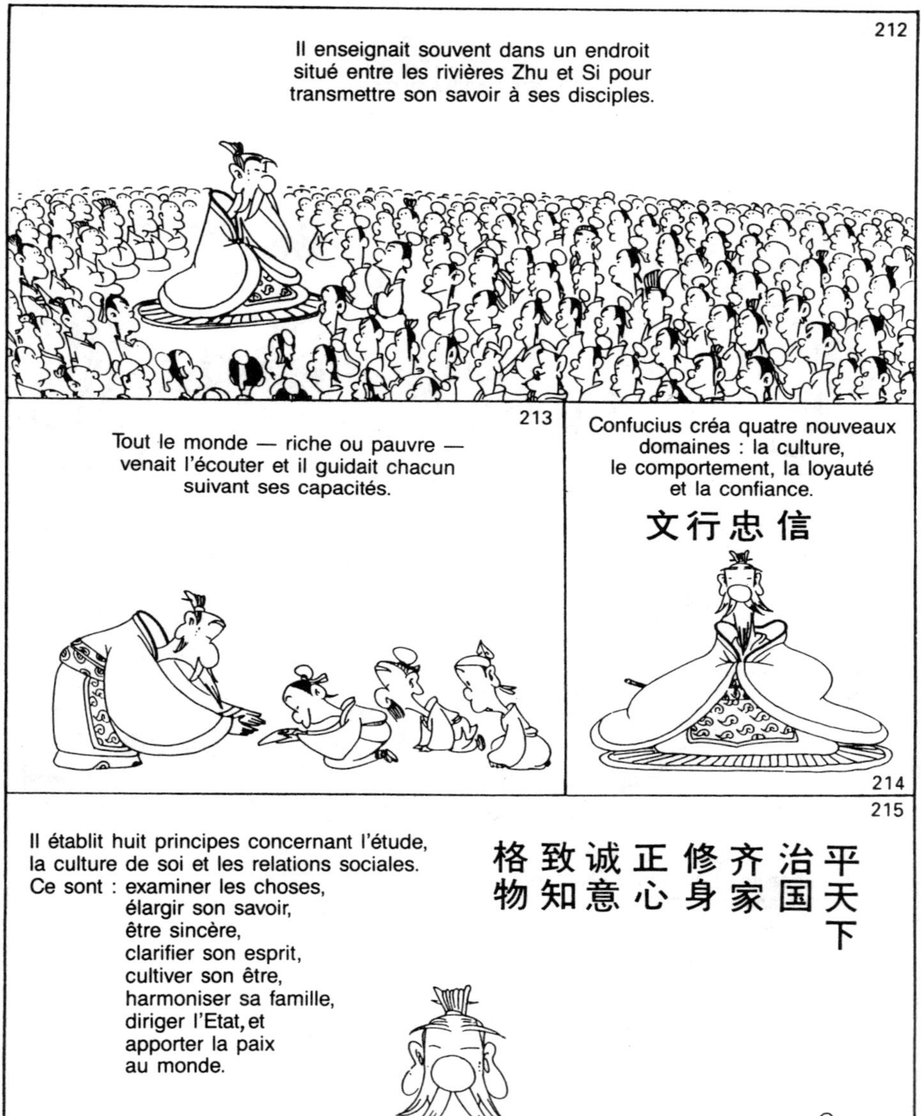
212
Il enseignait souvent dans un endroit situé entre les rivières Zhu et Si pour transmettre son savoir à ses disciples.
213
Tout le monde — riche ou pauvre — venait l'écouter et il guidait chacun suivant ses capacités.
Confucius créa quatre nouveaux domaines : la culture, le comportement, la loyauté et la confiance.
文行忠信
214
215
Il établit huit principes concernant l'étude, la culture de soi et les relations sociales. Ce sont : examiner les choses, élargir son savoir, être sincère, clarifier son esprit, cultiver son être, harmoniser sa famille, diriger l'Etat, et apporter la paix au monde.
格物 致知 诚意 正心 修身 齐家 治国 平天下

216

Par la suite, il convient d'étudier les rites, la musique, le tir à l'arc, l'équitation, l'histoire et les mathématiques pour obtenir les trois vertus qui sont la Sagesse, la Bienveillance et le Courage.

217

Confucius divisa son enseignement en quatre étapes :
placer son esprit sur la Voie,
s'appuyer sur la vertu,
fonder sa vie sur la bienveillance,
se divertir dans les arts.
志于道
据于德
依于仁
游于艺

Littérature
Politique
Parole
Vertu
Dans cette liste, la priorité revient à la vertu, puis viennent la parole, la politique, et enfin la littérature.
218

219
En l'an 16 du règne du duc Ai de Lu, Confucius tomba gravement malade.
Maître
Zi Gong, ô Zi Gong, pourquoi viens-tu si tard?
220
221
Est-ce ainsi que s'écroule le Mont Tai?
222
Est-ce ainsi que les colonnes se brisent? Est-ce ainsi que l'homme sage se fane?
223
Le monde a dérivé de la Voie pour longtemps. Il n'y a plus personne ici pour pratiquer mes idéaux.

224
Sept jours plus tard,
Confucius mourut.
225
C'était le quatrième mois lunaire
de l'an 16 du règne du duc Ai,
il était âgé de 73 ans.
226
L'historien Sima Qian écrivit :
Ces lignes sont tirées des Odes :
Majestueuse est la montagne vers laquelle nos regards se lèvent; Grande est la vertu que nous cherchons à atteindre.
Les enseignements de Confucius ont traversé les siècles. Les êtres éclairés le considèrent à présent comme un mentor spirituel. Confucius est certes le plus grand des Sages!

论　语

Lun Yu - Les Entretiens

Chapitre 1 - Paragraphe 1
Apprendre

学而时习之，不亦说乎？
有朋自远方来，不亦乐乎？
人不知而不愠，不亦君子乎？

学而第一—一

Chapitre 1 - Paragraphe 4
Apprendre

曾子曰：「吾日三省吾身：为人谋，而不忠乎？与朋友交，而不信乎？传，不习乎？」

学而第一—四

Chapitre 2 - Paragraphe 1

Gouverner

为政以德。譬如北辰，居其所，而众星共之。

为政第二—一

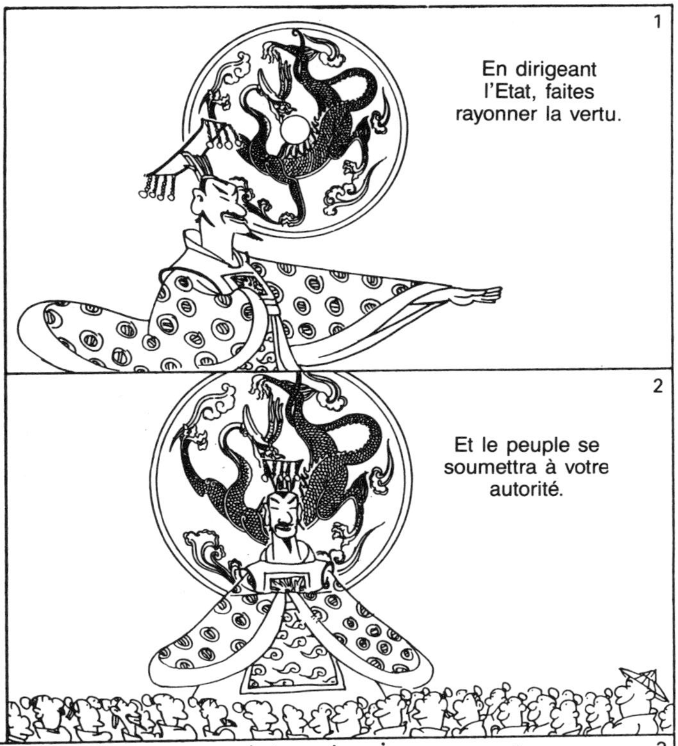

Chapitre 2 - Paragraphe 4

Gouverner

吾十有五而志于学；
三十而立；
四十而不惑；
五十而知天命；六十而耳顺；
七十而从心所欲，不踰矩。

为政第二—四

Chapitre 2
Paragraphe 17
Gouverner

子曰：「由，诲女，知之乎？
知之为知之，
不知为不知，
是知也。」

为政第二——十七

Chapitre 3 - Paragraphe 15
Les huit rangs

子入大庙，每事问。
或曰：「孰谓鄹人之子知礼乎？入大庙，每事问。」
子闻之曰：「是礼也！」
八佾第三—十五

Chapitre 3 - Paragraphe 17
Les huit rangs

子贡欲去告朔之饩羊。
子曰：「赐也！尔爱其羊，
我爱其礼。」

八佾第三—十七

Chapitre 4 - Paragraphe 9
Vivre à côté du Bienveillant

士志于道，而耻恶衣恶食者，未足与议也。

里仁第四—九

Chapitre 4
Paragraphe 14
Vivre à côté du Bienveillant

不患无位，患所以立。
不患莫己知，求为可知也。

里仁第四—十四

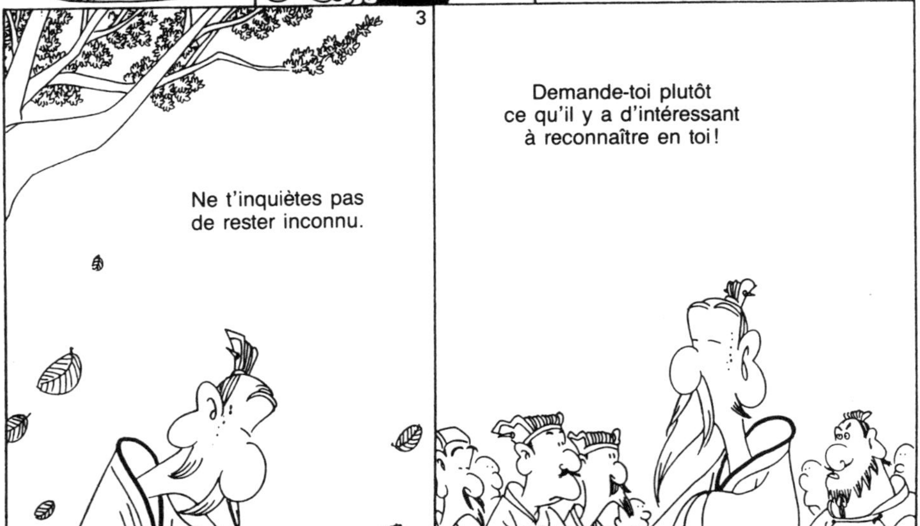

Chapitre 4
Paragraphe 17
Vivre à côté du Bienveillant

见贤思齐焉，见不贤而内自省也。

里仁第四—十七

Chapitre 4
Paragraphe 19
Vivre à côté
du Bienveillant

父母在，不远游；
游必有方。

里仁第四——十九

Chapitre 4
Paragraphe 25
Vivre à côté du Bienveillant

德不孤，必有邻。
里仁第四—二五

Chapitre 5 - Paragraphe 8
Gong Ye Zhang

子谓子贡曰：「女与回也孰愈？」对曰：「赐也何敢望回！回也闻一以知十，赐也闻一以知二。」子曰：「弗如也，吾与女如也。」

公治长第五—八

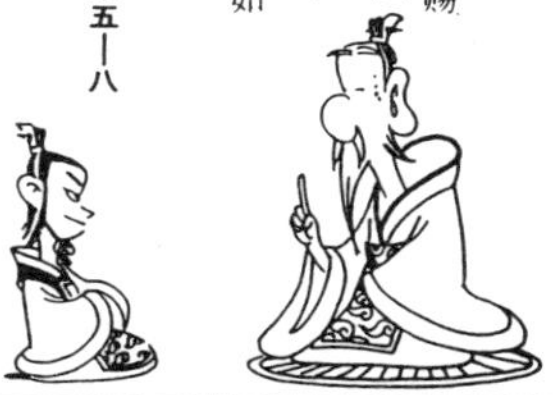

Chapitre 5 - Paragraphe 9
Gong Ye Zhang

宰予昼寝。
子曰：「朽木不可雕也，
粪土之墙，不可杇也。
于予与何诛！」
子曰：「始吾于人也，
听其言而信其行；
今吾于人也，
听其言而观其行。
于予与改是！」

公冶长第五—九

Chapitre 5 - Paragraphe 14
Gong Ye Zhang

子贡问曰：「孔文子何以谓之文也？」子曰：「敏而好学，不耻下问，是以谓之文也。」

公冶长第五——十四

Chapitre 5 - Paragraphe 24
Gong Ye Zhang

巧言、令色、足恭，左丘明耻之，丘亦耻之。匿怨而友其人，左丘明耻之，丘亦耻之。

公冶长第五—二四

Chapitre 5 - Paragraphe 25
Gong Ye Zhang

颜渊、季路侍。
子曰：「盍各言尔志？」
子路曰：「愿车马、衣轻裘，
与朋友共，敝之而无憾。」
颜渊曰：「愿无伐善，无施劳。」
子路曰：「愿闻子之志！」
子曰：「老者安之，朋友
信之，少者怀之。」

公冶长第五—二五

Chapitre 5
Paragraphe 27
Gong Ye Zhang

十室之邑，必有忠信如丘者焉，不如丘之好学也。

公冶长第五—二七

Chapitre 6
Paragraphe 3
Ran Yong

哀公问：「弟子孰为好学？」
孔子对曰：「有颜回者好学：
不迁怒，不贰过。不幸短命死矣！
今也则亡，未闻好学者也。」

雍也第六—三

Chapitre 6 - Paragraphe 9
Ran Yong

贤哉回也！
一箪食，一瓢饮，在陋巷，
人不堪其忧，
回也不改其乐。
贤哉回也！

雍也第六—九

Chapitre 6 - Paragraphe 21

Ran Yong

知者乐水，
仁者乐山。
知者动，
仁者静。
知者乐，
仁者寿。

雍也第六—二一

Chapitre 7
Paragraphe 1
Transmettre

述而不作，
信而好古，
窃比于我老彭。

述而第七—一

Chapitre 7
Paragraphe 2
Transmettre

默而识之，学而不厌，诲人不倦，何有于我哉？

述而第七—二

Chapitre 7 - Paragraphe 5
Transmettre

甚矣吾衰也！
久矣，吾不复梦见周公！
述而第七—五

Chapitre 7
Paragraphe 6
Transmettre

志于道，据于德，
依于仁，游于艺。
述而第七—六

Chapitre 7
Paragraphe 7
Transmettre

自行束脩以上，
吾未尝无诲焉！
述而第七—七

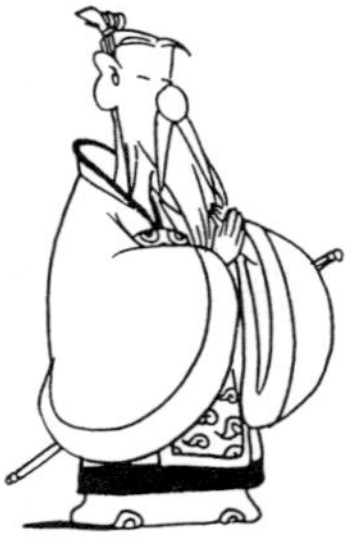

Chapitre 7
Paragraphe 8
Transmettre

不愤，不启；
不悱，不发。
举一隅不
以三隅反，
则不复也。

述而第七—八

Chapitre 7
Paragraphe 15
Transmettre

饭疏食，饮水，曲肱而枕之，乐亦在其中矣。
不义而富且贵，于我如浮云。

述而第七——十五

Chapitre 7 - Paragraphe 18
Transmettre

我非生而知之者；好古，敏以求之者也。

述而第七——十九

Chapitre 7
Paragraphe 21
Transmettre

三人行，必有我师焉。择其善者而从之；其不善者而改之。

述而第七—二一

Chapitre 7
Paragraphe 26
Transmettre

子钓而不纲；弋不射宿。

述而第七—二六

Chapitre 8 - Paragraphe 4
Le comte Taï

曾子有疾，孟敬子问之。
曾子言曰："鸟之将死，
其鸣也哀；人之将死，其言也善。
君子所贵乎道者三：动容貌，斯远
暴慢矣；正颜色，斯近信矣；
出辞气，斯远鄙倍矣。
笾豆之事，则有司存。"

泰伯第八—四

Chapitre 8 - Paragraphe 17

Le comte Taï

学如不及，犹恐失之。

泰伯第八—十七

Chapitre 9
Paragraphe 16
Rarement le maître...

逝者如斯夫！
不舍昼夜。
子罕第九——十六

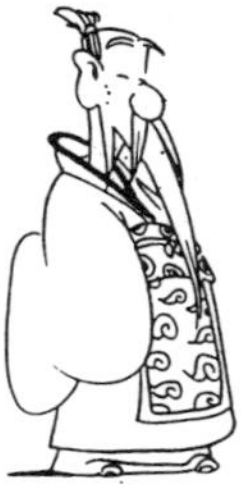

Chapitre 9 - Paragraphe 22

Rarement le maître...

后生可畏；焉知来者之不如今也？四十五十而无闻焉，斯亦不足畏也已！

子罕第九—二二

Chapitre 9
Paragraphe 28
Rarement le maître...

知者不惑，仁者不忧，
勇者不惧。
子罕第九—二八

Chapitre 10
Paragraphe 11
A la maison

厩焚　子退朝，
曰：「伤人乎？」
不问马

乡党第十—十一

Chapitre 11
Paragraphe 11
Les pionniers

季路问事鬼神？
子曰：「未能事人，焉能事鬼？」
曰：「敢问死？」
曰：「未知生，焉知死？」
先进第十一—十一

Chapitre 11
Paragraphe 15
Les pionniers

子贡问：「师与商也孰贤？」
子曰：「师也过，商也不及。」
曰：「然则师愈与？」
子曰：「过犹不及。」

先进第十一—十五

Chapitre 11
Paragraphe 17
Les pionniers

柴也愚，参也鲁，师也辟，由也喭。回也其庶乎！屡空。赐不受命而货殖焉，億则屡中。

先进第十一—十七

Chapitre 12
Paragraphe 1
Yan Hui

颜渊问仁。子曰：「克己复礼为仁。
一日克己复礼，天下归仁焉。
为仁由己，而由人乎哉？」
颜渊曰：「请问其目？」
子曰：「非礼勿视，非礼勿听、
非礼勿言，非礼勿动。」
颜渊曰：「回虽不敏，
请事斯语矣！」

颜渊第十二—一

Chapitre 12 - Paragraphe 5
Yan Hui

司马牛忧曰：「人皆有兄弟，
我独亡！」
子夏曰：「商闻之矣：
『死生有命，富贵在天。』
君子敬而无失，与人恭而有礼，
四海之内，皆兄弟也。
君子何患乎无兄弟也？」

颜渊第十二—五

Chapitre 12
Paragraphe 7
Yan Hui

子贡问政。子曰：「足食，足兵，民信之矣。」子贡曰：「必不得已而去，于斯三者何先？」曰：「去兵。」子贡曰：「必不得已而去，于斯二者何先？」曰：「去食。自古皆有死，民无信不立。」

颜渊第十二—七

Chapitre 12
Paragraphe 16
Yan Hui

君子成人之美，不成人之恶；小人反是。

颜渊第十二—十六

Chapitre 12
Paragraphe 24
Yan Hui

曾子曰：「君子以文会友；以友辅仁。」

颜渊第十二—二四

Chapitre 13
Paragraphe 13
Zi Lu

苟正其身矣，于从政乎何有？
不能正其身，如正人何？
子路第十三—十三

Chapitre 13
Paragraphe 17
Zi Lu

子夏为莒父宰，问政。子曰：「无欲速，无见小利；欲速则不达，见小利则大事不成。」

子路第十三—十七

Chapitre 14 - Paragraphe 1
Les questions de Xian

宪问耻。
子曰：「邦有道，
谷；邦无道，
谷，耻也。」

宪问第十四—一

Chapitre 14 - Paragraphe 13
Les questions de Xian

子路问成人。
子曰：「若藏武仲之知，公绰之不欲，卞庄子之勇，冉求之艺；文之以礼乐，亦可为成人矣！」
曰：「今之成人者，何必然？见利思义，见危授命，久要不忘平生之言，亦可以为成人矣！」
宪问第十四——十三

Chapitre 14
Paragraphe 21
Les questions de Xian

其言之不怍，则为之也难！

宪问第十四—二一

Chapitre 14
Paragraphe 29
Les questions de Xian

君子耻其言而过其行。
宪问第十四—二九

Chapitre 14 - Paragraphe 31
Les questions de Xian

子贡方人。子曰：「赐也，贤乎哉？夫我则不暇！」

宪问第十四—三一

Chapitre 14
Paragraphe 35
Les questions de Xian

骥不称其力，称其德。

宪问第十四—三五

Chapitre 14
Paragraphe 36
Les questions de Xian

或曰：「以德报怨，何如？」
子曰：「何以德报？
以直报怨，以德报德。」

宪问第十四—三六

Chapitre 14 - Paragraphe 37
Les questions de Xian

子曰：「莫我知也夫！」
子贡曰：「何为其莫知子也？」
子曰：「不怨天，不尤人，下学而上达；
知我者，其天乎！」

宪问第十四—三七

Chapitre 14
Paragraphe 41
Les questions de Xian

子路宿于石门。晨门曰：「奚自？」子路曰：「自孔氏。」曰：「是知其不可而为之者与？」

宪问第十四—四一

Chapitre 14
Paragraphe 46
Les questions de Xian

原壤夷俟。子曰：
「幼而不孙弟，
长而无述焉，
老而不死
是为贼！」
以杖叩其胫。

宪问第十四—四六

Chapitre 15
Paragraphe 6
Le duc Ling de Wei

直哉史鱼！邦有道，如矢；邦无道，如矢。君子哉蘧伯玉！邦有道，则仕；邦无道，则可卷而怀之。

卫灵公第十五—六

Chapitre 15
Paragraphe 9
Le duc Ling de Wei

子贡问仁。子曰：「工欲善其事，必先利其器。居是邦也，事其大夫之贤者，友其士之仁者。」

卫灵公第十五—九

Chapitre 15
Paragraphe 11
Le duc Ling de Wei

人无远虑，
必有近忧。
卫灵公第十五—十一

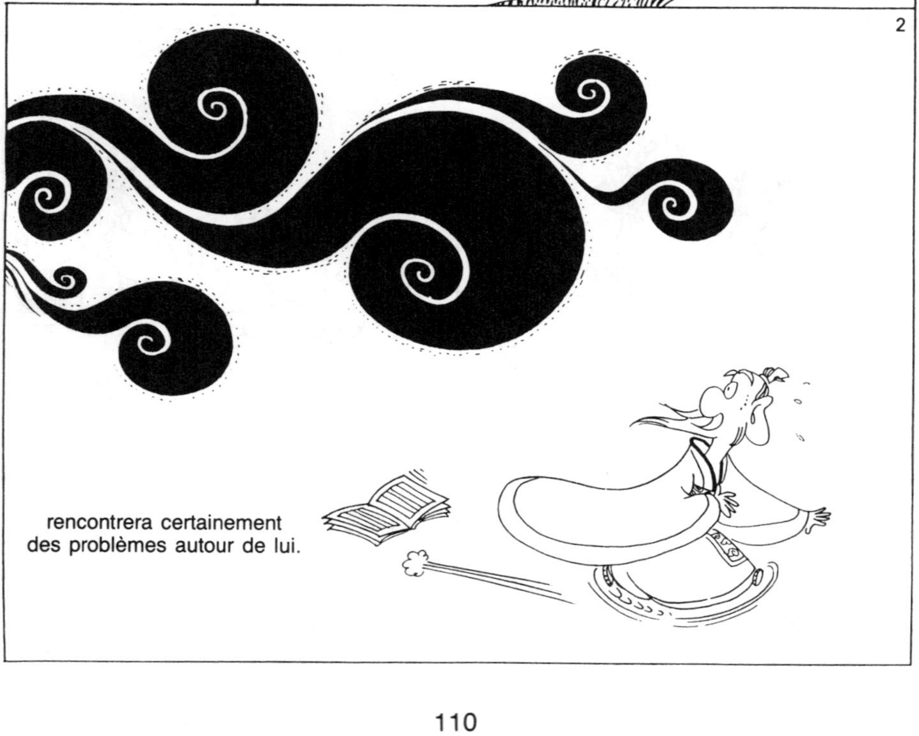

Chapitre 15
Paragraphe 23
Le duc Ling de Wei

子贡问曰：「有一言而可以终身行之者乎？」
子曰：「其恕乎！己所不欲，勿施于人。」
卫灵公第十五—二三

* Tolérance.

Capitre 15
Paragraphe 23
Le duc Ling de Wei

吾尝终日不食，终夜不寝，
以思；无益，不如学也。
卫灵公第十五—三十

Chapitre 15
Paragraphe 35
Le duc Ling de Wei

当仁，不让于师。

卫灵公第十五—三五

Chapitre 16
Paragraphe 7
La famille Ji

君子有三戒：少之时，血气未定，戒之在色；及其壮也，血气方刚，戒之在斗；及其老也，血气既衰，戒之在得。

季氏第十六—七

* Chi : Composant de base de l'univers très souvent mal traduit par "énergie vitale" ou "souffle vital".

Chapitre 16 - Paragraphe 10
La famille Ji

君子有九思：视思明，听思聪，色思温，貌思恭，言思忠，事思敬，疑思问，忿思难，见得思义。

季氏第十六—十

Chapitre 16
Paragraphe 12
La famille Ji

诚不以富，亦祇以异。
齐景公有马千驷，
死之日，民无德而称焉。
伯夷、叔齐饿于首阳之下，
民到于今称之。
其斯之谓与？

季氏第十六—十二

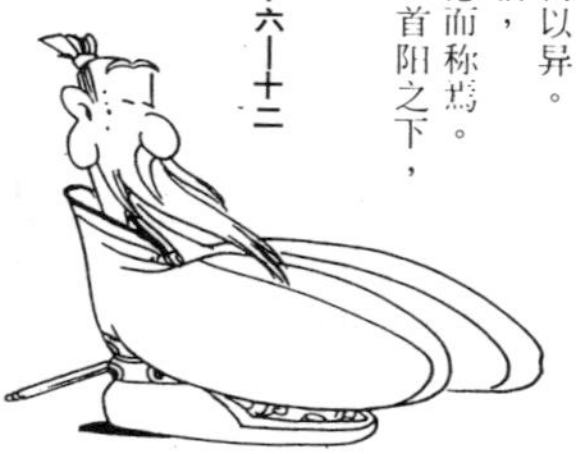

Chapitre 17
Paragraphe 2
Yang Huo

性相近也，
习相远也。
阳货第十七—二

Chapitre 17
Paragraphe 8
Yang Huo

子曰：「由也，女闻六言六蔽矣乎？」
对曰：「未也。」「居！吾语女：
好仁不好学，其蔽也愚；
好知不好学，其蔽也荡；
好信不好学，其蔽也贼；
好直不好学，其蔽也绞；
好勇不好学，其蔽也乱；
好刚不好学，其蔽也狂。」

阳货第十七—八

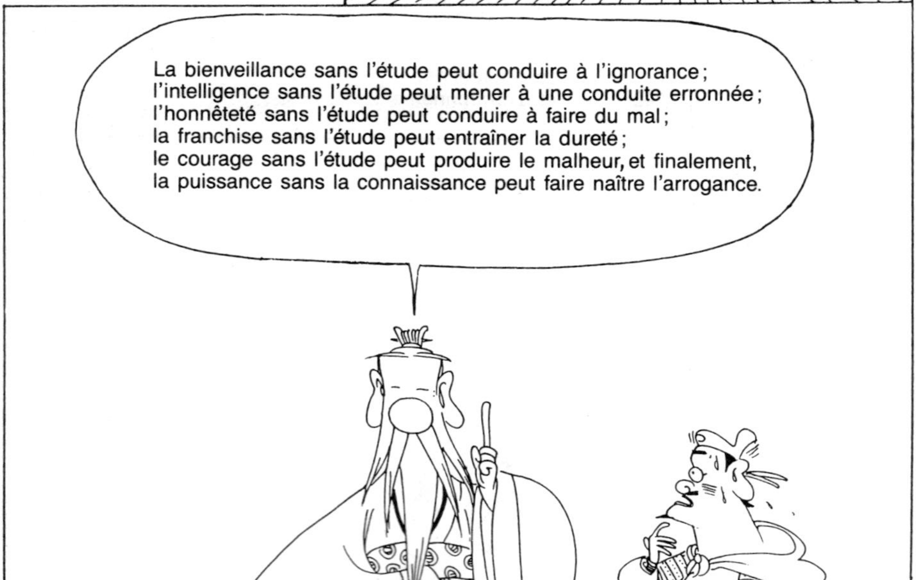

Chapitre 17
Paragraphe 12
Yang Huo

色厉而内荏，譬诸小人，
其犹穿窬之盗也与！
阳货第十七—十二

Chapitre 17
Paragraphe 20
Yang Huo

孺悲欲见孔子，
孔子辞以疾。
将命者出户，
取瑟而歌，使之闻之。

阳货第十七—二十

Chapitre 17
Paragraphe 22
Yang Huo

饱食终日，无所用心：难矣哉！
不有博弈者乎？为之犹贤乎已！

阳货第十七—二二

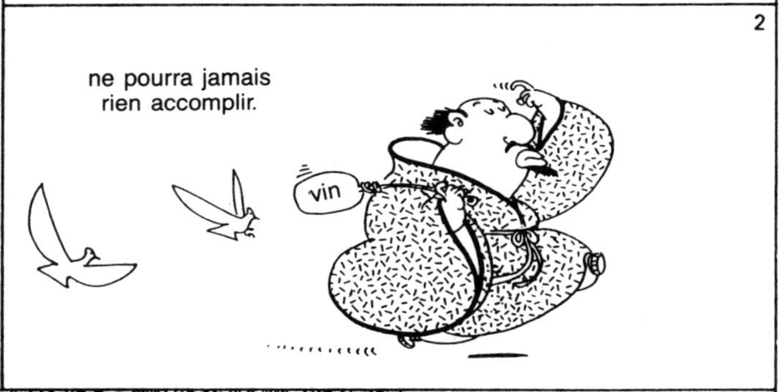

* Genre de jeu d'échecs chinois.

Chapitre 17
Paragraphe 25
Yang Huo

唯女子与小人为难养也。
近之则不逊，远之则怨。
阳货第十七—二五

Chapitre 17
Paragraphe 26
Yang Huo

年四十而见恶焉，
其终也已！

阳货第十七—二六

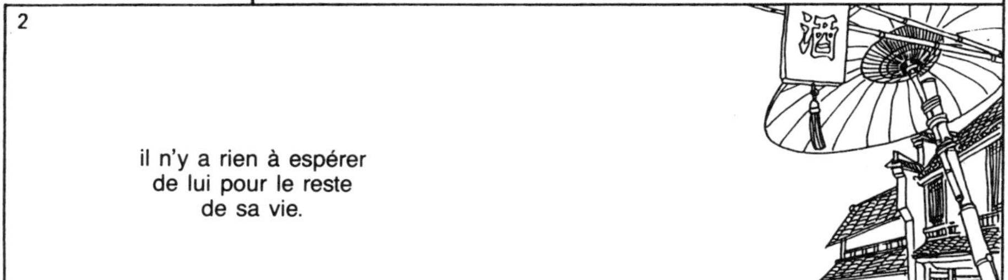

Chapitre 18
Paragraphe 1
Le vicomte de Wei
微子去之，
箕子为之奴，
比干谏而死。
孔子曰：「殷有三仁焉！」
微子第十八—一
Le roi de la dynastie Yin, Shang Zhou, était un tel despote que son frère, le vicomte de Wei, le quitta.
1
Il fit emprisonner son oncle, le vicomte de Ji, coupable de l'avoir critiqué.
2
Et il tua son autre oncle Bi Gan, pour la même raison.
3
Confucius commenta respectueusement :
La fin de la dynastie Yin connut trois hommes bienveillants.
4

Chapitre 18 - Paragraphe 5

Le vicomte de Wei

楚狂接舆，歌而过孔子，曰：
「凤兮！凤兮！何德之衰？
往者不可谏，来者犹可追。
已而！已而！今之从政者殆而！」
孔子下，欲与之言；趋而辟之，
不得与之言。

微子第十八—五

Chapitre 18 - Paragraphe 6
Le vicomte de Wei

长沮、桀溺耦而耕。孔子过之，使子路问津焉。

长沮曰：「夫执舆者为谁？」

子路曰：「为孔丘。」

曰：「是鲁孔丘与？」

曰：「是也。」

曰：「是知津矣！」

问于桀溺，桀溺曰：「子为谁？」

曰：「为仲由。」

曰：「是鲁孔丘之徒与？」

对曰：「然。」

曰：「滔滔者，天下皆是也；而谁以易之？且而与其从辟人之士也，岂若从辟世之士哉？」耰而不辍。

子路行以告。夫子怃然曰：「鸟兽不可与同群，吾非斯人之徒与而谁与？天下有道，丘不与易也。」

微子第十八—六

4
C'est Kong Qiu.
Le Kong Qiu de Lu ?
5
Oui.
Bien, bien.
6
!
Il devrait savoir où est le gué.
7
Excusez-moi, savez-vous où est le gué ?
8
Qui êtes-vous ?
Je suis Zhong You.
9
Etes-vous un élève de Kong Qiu de Lu ?
10
Oui.

11
Le monde est partout dans le chaos, qui pourrait changer la situation?
Au lieu de suivre un homme comme Kong Qiu qui fuit les hommes mauvais, vous feriez mieux de suivre les gens comme nous qui refusons ce monde chaotique.
12
Sur ces mots, Jie Ni repartit labourer son champ.
13
Zi Lu rapporta au maître les paroles des deux hommes.
14
Je suis un homme et c'est avec les autres hommes que je dois vivre. Nous ne pouvons vivre qu'avec les oiseaux et les bêtes sauvages.
Si le monde connaissait le bonheur et la paix, je n'essayerais pas de le changer.

Chapitre 19
Paragraphe 9
Zi Zhang

子夏曰：「君子有三变：望之俨然，即之也温，听其言也厉。」

子张第十九—九

Chapitre 19
Paragraphe 13
Zi Zhang
子夏曰：「仕而优则学，学而优则仕。」
子张第十九—十三
1
Zi Xia a dit :
Un homme capable d'assumer une responsabilité officielle devrait passer plus de temps à apprendre.
政
2
Un homme instruit, capable de se consacrer entièrement à l'étude, devrait accepter une charge officielle,
3
afin de servir son pays et son peuple.

Chapitre 19
Paragraphe 21
Zi Zhang

子贡曰：「君子之过也，
如日月之食焉；过也，
人皆见之；更也，人皆仰之。」

子张第十九—二一

Chapitre 20
Paragraphe 3
Yao parle

不知命，无以为君子也；不知礼，无以立也；不知言，无以知人也。

尧曰第二十—三

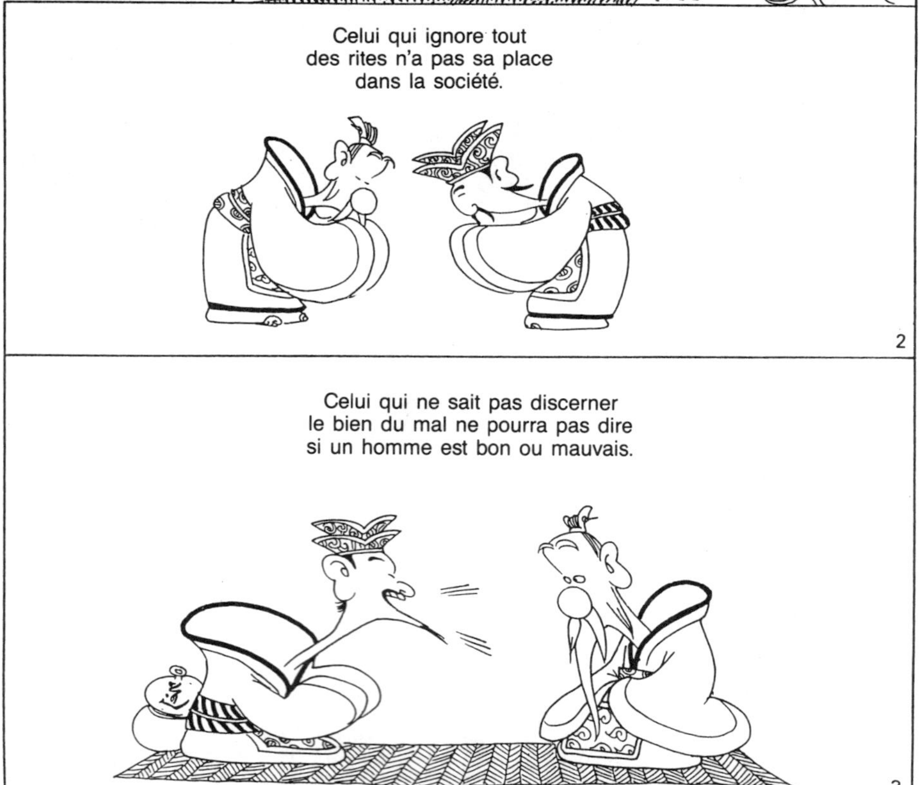

Les Disciples de Confucius

Parmi me disciples, 77 sont de brillants érudits, auteurs de remarquables réalisations dans divers domaines.
Yan Yuan, Min Zi Qian, Ran Bo Niu et Zhong Gong, entre autres, cultivaient la vertu.
Ran You et Ji Lu étaient doués pour la politique.
Zai Wo et Zi Gong faisaient partie des experts en l'art du discours.
Et Zi You et Zi Xia avaient un don pour la littérature.

Yan Hui 颜回

Yan Hui avait pris le nom de Zi Yuan. Il était originaire de Lu et avait 30 ans de moins que Confucius.

Min Sun 闵损

Min Sun avait pris le nom de Zi Qian.
Il était originaire de Lu et avait 15 ans
de moins que Confucius.

Ran Yong 冉雍

Ran Yong avait pris le nom de Zhong Gong. Il était originaire de Lu et avait 29 ans de moins que Confucius. Il venait d'une famille pauvre et son père appartenait au rang le plus bas de la société.

Zhong You 仲由

Zhong You avait pris le nom de Zi Lu. Il était originaire de Bian et avait 9 ans de moins que Confucius. C'était autrefois un homme rustre au grand cœur qui recherchait force et puissance. Il s'adoucit sous l'influence de Confucius. Plus tard, Zi Lu devint le conseiller de Pu de Wei, où il fut tué durant une révolte.

Zai Yu 宰予

Zai Yu prit le nom de Zi Wo. Originaire de Lu, Zai Lu était un homme éloquent qui excellait dans l'art de la politique. Devenu le conseiller de Lin Zi, de Qi, il fut impliqué dans une révolte menée par Tian Chang durant laquelle il fut tué avec toute se famille. Confucius le regretta énormément.

Duan Mu Ci

端木賜

Duan Mu Ci avait pris le nom de Zi Gong. Il était originaire de Wei et avait 31 ans de moins que Confucius. Eloquent, il était doué pour les débats, aimant révéler autant les défauts des autres que leurs qualités. A plusieurs reprises, il aida Lu et Wei à sortir de situations critiques. Déjà riche, il parvint à accumuler une fortune grâce à son don des affaires. Il mourut de vieillesse à Qi.

Bu Shang

卜商

Bu Shang avait pris le nom de Zi Xia. Il était originaire de Wen et avait 45 ans de moins que Confucius. Après la disparition du maître, Zi Xia vint s'installer à Xi He de Wei où il rassembla des élèves. Il fut le professeur du duc Wen, de Wei. A la mort de son fils, il pleura tant qu'il en devint aveugle.

Tantai Mie Ming
澹台灭明

Tantai Mie Ming avait pris le nom de Zi Yu. Il était originaire de Wu Cheng et avait 39 ans de moins que Confucius. Bien que laid, Zi Yu était un homme droit et honnête. Il visita les régions au sud de Yangtsé où il rassembla environ 300 disciples. Il donna une ligne de conduite sur le "donner et recevoir" qu'il observe avec rigueur. Son intégrité devint célèbre parmi tous les seigneurs.

Yuan Xian
原宪

Yuan Xian avait pris le nom de Zi Si. Il était originaire de Lu. Il était très pauvre et après la mort du maître, il partit vivre au bord d'une rivière lointaine.

Zhuan Sun Shi

颛孙师

Zhuan Sun Shi prit le nom de Zi Zhang. Il était originaire de Chen et avait 48 ans de moins que Confucius. Zi Zhang était très méticuleux et toujours préoccupé par son élégance. C'est ainsi que Zeng Zi disait de lui : il est difficile de pratiquer la vertu auprès d'un homme comme lui.

Zeng Shen
曾参

Zeng Shen prit le nom de Zi Lu. Il était originaire de Nan Wu Cheng et avait 40 ans de moins que Confucius. Le maître sentit qu'il était capable d'embrasser totalement la piété filiale et décida d'en faire son élève. Zeng Shen écrivit un livre intitulé *"Xiao* Jing"*. Il mourut de vieillesse à Lu.

* *Xiao* = filial

Fan Xu
樊须

Fan Xu prit le nom de Zi Chi.
Il était originaire
de Qi et avait 36 ans
de moins que Confucius.

You Ruo
有若

You Ruo prit le nom de Zi You.
Il était originaire de Lu
et avait 43 ans de moins que Confucius.
Après la mort de Confucius,
You Ruo, qui ressemblait physiquement
au maître, le remplaça auprès
de ses disciples désorientés.

Gong Ye Zhang

公冶长

Gong Ye Zhang prit le nom de Zi Zhang.
Originaire de Qi,
il était le gendre de Confucius.

Nan Gong Gua 南宫括

Nan Gong Gua prit le nom de Zi Rong. Il était originaire de Lu. Confucius disait de lui : "Quand le gouvernement était bien dirigé, il ne perdit jamais ses fonctions et quand le désordre arriva, il réussit à se tenir à l'écart des troubles." Confucius lui offrit la main de sa nièce.

Gong Xi Chi

公西赤

Gong Xi Chi prit le nom de Zi Hua.
Il était originaire de Lu
et avait 42 ans de moins
que Confucius.

Table des matières

Note de l'éditeur 5

La Vie de Confucius 7

Lun Yu - Les Entretiens 50
1 Apprendre 51
2 Gouverner 53
3 Les huit rangs 56
4 Vivre à côté du Bienveillant 58
5 Gong Ye Zhang 63
6 Ran Yong 69
7 Transmettre 72
8 Le comte Taï 82
9 Rarement le maître 84
10 A la maison 87
11 Les pionniers 88
12 Yan Hui 91
13 Zi Lu 96
14 Les questions de Xian 98
15 Le duc Ling de Wei 108
16 La famille Ji 114
17 Yang Huo 117
18 Le vicomte de Wei 124
19 Zi Zhang 129
20 Yao parle 132

Les Disciples de Confucius 133
Yan Hui 135
Min Sun 136
Ran Yong 137
Zhong You 138
Zai Yu 139
Duan Mu Ci 140
Bu Shang 141
Tantai Mie Ming 142
Yuan Xian 143
Zhuan Sun Shi 144
Zeng Shen 145
Fan Xu 146
You Ruo 147
Gong Ye Zhang 148
Nan Gong Gua 149
Gong Xi Chi 150

Table des matières 151

Achevé d'imprimer par Corlet, Imprimeur, S.A.
14110 Condé-sur-Noireau (France)
N° d'Imprimeur : 1256 - Dépôt légal : octobre 1993
Imprimé en C.E.E.